Esto Funciona!

Por R.H. JARRETT

El famoso Pequeño Libro Rojo que hace que tus sueños se hagan realidad. Un plan de realización claro, definido y de sentido común.

Titulo Original: It Works!
Traducción: S. Alvs
Diseño Portada: J.A. Neuman
Diseño Libro: K. Suess

Contacto: info@bnpublishing.net
Fax: 1 (815)6428329

www.bnpublishing.com

ESTO FUNCIONA!

El autor envió el manuscrito de este libro a un amigo para recibir crítica, el cual se lo devolvió con la anotación, "funciona".

Este juicio nacido de la experiencia, fue adoptado como el título del libro.

Un plan conciso, definido y exitoso, con normas, explicaciones y sugerencias para mejorar su condición en la vida.

Si usted SABE lo que QUIERE, puede TENERLO.

El hombre que escribió este libro es muy exitoso, y ampliamente conocido por su generosidad su espíritu servicial. Él da todo el crédito por lo que ha logrado en el dominio de circunstancias, acumulación de riqueza, y ganar amigos, a silencioso trabajo de la simple y poderosa verdad, de la cual habla en su trabajo. Te muestra aquí, un camino fácil y abierto a una vida más larga y feliz.

Sabiendo que el mayor bien viene de ayudar a los demás sin esperar alabanzas, el autor de este trabajo ha solicitado que su nombre sea omitido.

Esto Funciona!

¿Cuál es el verdadero secreto de la obtención de bienes deseados?

¿Hay personas que nacen bajo una buena estrella u otro tipo de encanto, que les permite tener todo lo que les parece tan deseable, y si no, cuál es la causa de la diferencia en las condiciones bajo las cuales viven los hombres?

Hace muchos años, sintiendo que debe haber una respuesta lógica a esta pregunta, me decidí a averiguar, si es posible, lo que era. He encontrado la respuesta para mi propia satisfacción, y durante años, he dado la información a otros que lo han utilizado con éxito.

Desde un punto de vista científico, psicológico o teológico, algunas de las siguientes afirmaciones pueden ser interpretadas como incorrectas, pero, sin embargo, el plan ha dado los resultados deseados a aquellos que han seguido las simples instrucciones, y es mi sincera convicción que ahora lo estoy presentando de una manera que traerá felicidad y posesiones a muchos más.

Si los deseos fueran caballos, los mendigos

montarían; es la actitud asumida por el hombre y la mujer en lo que respecta a las posesiones.

Ellos no son conscientes de un poder tan cercano, que lo pasan por alto, tan simple en la Operación, que es difícil de concebir, y tan seguro en los resultados, que no se hace uso de manera consciente, o reconocido como la causa del fracaso del éxito.

Como me gustaría que fuera mío, es el estallido de Jimmy, el chico de los recados, cuando un auto nuevo rojo pasa, pero eso es imposible...

Florencia, la operadora de telefonía, expresa el mismo pensamiento en relación con un anillo en la ventana de los joyeros; mientras que el pobre y viejo Jones, el cuidador de libros, durante el paseo del domingo, responde a su esposa Sí, querida, sería bueno tener una casa así, pero está fuera de pregunta. Tendremos que seguir alquilando.

Lande, el vendedor, protesta que él hace todo el trabajo, obtiene la parte más pequeña del dinero, y algún día dejará su trabajo y encontrará uno trabajo real...

Un padre declaró que su hija, Mabel, se dirigía directamente al desastre, mientras exclama: Esto es el colmo. La profesora de la escuela quiere verme esta tarde. Sus informes son terribles, y voy a llegar tarde al juego de Bridge.

Así continua la corriente sin fin de expresiones negativas como estas, de millones de personas de todas las clases, quienes no piensan en lo que realmente quieren, y que no están recibiendo todo aquello que tienen derecho, o esperan.

Si usted es de esos millones de hablantes irreflexivos, y le gustaría un cambio en su condición actual, usted puede tenerlo, pero primero usted debe saber **LO USTED REALMENTE QUIERE**, y esto no es tarea fácil.

Cuando usted logre entrenar a su mente objetiva (la mente que usted usa todos los días) para decidir, definitivamente, sobre las cosas o situaciones que usted desea, usted ha dado su primer gran paso en lograr o asegurar y obtener lo usted desea.

Conseguir lo que quieres no es más misterioso o incierto que las ondas de radio a su alrededor.

Sintonice correctamente y obtendrá un resultado perfecto, pero para hacer esto, es, por supuesto, necesario saber algo de su equipo y tener un plan de operación.

Tienes dentro de ti un gran poder, ansioso y dispuesto a servirte, un poder capaz de darle lo que usted desea...

Este poder es descrito por Thomson Jay Hudson, Ph.D., Doctor en Derecho, autor de La Ley de los Fenómenos psíquicos, como la mente subjetiva.

Otros escritores utilizan diferentes nombres y términos, pero todos coinciden en que es omnipotente.

Por lo tanto, yo llamo a este Poder, Dios.

Sin importar el nombre del Gran Poder, o la admisión consciente de un Dios, el poder es capaz, y todopoderoso, está dispuesto, a llevar a un resultado completo y perfecto del deseo muy sincero de su mente objetiva, pero debe ser realmente serio sobre lo que quiere.

Deseos ocasionales o a medias, no forman una perfecta conexión o comunicación con su poder omnipotente.

Usted debe ser serio, sincero, y verdaderamente desear ciertas condiciones o cosas, mentales, físicas o espirituales.

Su mente objetiva y la voluntad son tan vacilantes que, por lo general, sólo DESEAN VAGAMENTE, y el poder maravilloso y capaz en su interior no funciona.

La mayoría de los deseos son simplemente expresiones vocales.

Jimmy, el chico de los recados, no pensó en poseer el auto rojo. Lande, el vendedor, no estaba pensando en cualquier otro trabajo, o incluso pensando en absoluto.

El padre tenía éxito en su trabajo pero no tenían una idea fija de lo que realmente querían que sus hijos lograran y, en realidad, estaban ayudando a crear las condiciones infelices que existían.

Si usted es serio sobre obtener un cambio en su presente condición, aquí hay un plan conciso, definido y exitoso, con reglas, explicaciones y sugerencias.

EL PLAN

EL PLAN

Escriba en un papel, en orden de importancia, las cosas y condiciones que usted realmente quiere.

No tenga miedo de querer demasiado.

Llévese al límite anotando sus deseos.

Cambie la lista todos los días, añada o quite de ella, hasta que la tenga correctamente.

No se desanime por causa de los cambios, ya que esto es natural.

Siempre habrá cambios y adiciones, con los logros y deseos cada vez mayores.

TRES REGLAS PARA ALCANZAR SUS METAS

1. Lea la lista de lo que quiere tres veces al día: mañana, tarde y noche.

2. Piense en lo que usted desea con tanta frecuencia como sea posible.

3. No hable con nadie acerca de su plan, excepto con el Gran Poder dentro de ti, el cual desarrollará en su mente objetiva el método de realización.

Es obvio que usted no puede adquirir fe al principio. Algunos de sus deseos, de todo razonamiento práctico, pueden parecer inalcanzables positivamente, pero, sin embargo, anótelos en la lista en el lugar de importancia para usted. No hay necesidad de analizar cómo este Poder dentro de ti va a lograr tus deseos. Este procedimiento es tan innecesario como tratar de entender por qué de un grano de maíz puesto en suelos fértiles brota tallo verde, florece y produce una mazorca de maíz que contiene cientos de granos, cada uno capaz de hacer lo que el primer grano hizo.

Si usted sigue este plan definitivo y lleva a cabo las tres reglas simples, el método de realización se desarrollará tan misteriosamente como la mazorca de maíz aparece en el tallo, y en la mayoría de los casos mucho antes de lo esperado.

Cuando nuevos deseos, que merecen la posición en o alrededor de la parte superior de su lista, surgen, entonces usted puede estar seguro de que está progresando correctamente.

Borrar de la lista elementos que, en un principio, pensó que quería, es otra indicación segura de progreso.

Es natural que sea escéptico y tenga dudas, desconfianza y cuestionamientos, pero cuando estos pensamientos surgen, saque su lista. Léala, o si lo tiene memorizado, hable con su yo interno acerca de sus deseos hasta que las dudas que interfieren con su progreso se hayan ido.

Recuerde, nada puede impedir que usted tenga lo que usted realmente quiere, lo que desea fervientemente.

Otros tienen estas cosas. ¿Por qué no usted?

El poder omnipotente en su interior no entra en ninguna discusión con Usted.

Está esperando y dispuesto a servir cuando usted esté listo, pero su mente objetiva es tan susceptible a sugerencias, que es casi imposible lograr cualquier progreso satisfactorio cuando está rodeado de escépticos.

Por lo tanto, elija a sus amigos con cuidado, y asóciese con personas que ahora tienen algunas de las cosas que realmente quieres, pero no discuta este plan con ellos.

Escriba en su lista de deseos materiales cosas tales como dinero, una casa, un automóvil, o sea lo que sea, pero no se detenga ahí...

Sea lo más concreto posible.

Si desea un automóvil, decida qué tipo, estilo, precio, color y todos los demás detalles, incluso cuándo lo desea.

Si quiere una casa, planifique la estructura, las instalaciones y los muebles. Decida sobre la ubicación y el costo.

Si quiere dinero, anote la cantidad y la fecha para cuando quisiera tenerlo.

Si desea romper un récord en su negocio, anótelo. Puede ser un récord de ventas. Si es así, escriba el total, en la fecha requerida, el número de elementos que tiene que vender, también una lista de sus clientes potenciales y ponga después de cada nombre la cantidad prevista.

Esto puede parecer muy tonto al principio, pero no se pueden hacer realidad sus deseos si usted no sabe positivamente, y en forma detallada, lo que quiere y cuando lo quiere recibir.

Si usted no puede decidir esto, lo que usted desea no es un desea ferviente, no es en serio...

Usted debe estar definido, tener un deseo ferviente y estar obsecionado con su meta y cuando lo esté, los resultados serán sorprendentes y casi increíbles.

Un enemigo natural y antiguo, sin duda, aparecerá cuando usted consiga su primera realización. Este enemigo es el descrédito, en forma de pensamientos tales como: No puede ser posible, sólo pasó. ¡Qué notable coincidencia!

Cuando se produzcan estos pensamientos, de gracias y crédito a su Poder Omnipotente por la realización.

De esta manera, se obtiene seguridad y más logros, y en el tiempo, probarte a ti mismo que hay una ley que realmente funciona, en todo momento – cuando usted está en sintonía con él. Un agradecimiento sincero y serio no puede darse sin gratitud, y es imposible estar agradecido sin estar feliz.

Por lo tanto, cuando usted está agradeciendo a su más grande y mejor amigo, su Poder Omnipotente, por los regalos recibidos, hágalo con toda su alma, y deje que se refleje en su rostro.

El Poder y como lo que hace, está más allá de la comprensión.

No trates de entenderlo, sino que acepte la realización con gratitud, felicidad y fe fortalecida.

PRECAUCIÓN

Es posible que desee y obtenga lo que lo hará miserable, lo que arruinará la felicidad de los demás, lo que provocará la enfermedad y la muerte, lo que le quitaría la vida eterna.

Usted puede tener todo lo que quiera, pero tiene que tomar todo lo que va con ello: por lo que en la planificación de sus deseos, planee lo que usted está seguro que le dará a usted y a su prójimo el bien más grande aquí en la tierra, abriendo así el camino hacia ese futuro esperado fuera de los límites del entendimiento humano.

Este método de obtener lo que desea, se aplica a todo lo que es capaz de desear, y dado que el alcance es tan grande, se sugiere que la primera lista conste de sólo aquellas cosas que le son muy familiares, como una cantidad de dinero o de realización, o la posesión de cosas materiales. Tales deseos son más fácil y rápidamente obtenidos que la interrupción de hábitos fijos, el bienestar de los demás y la curación de enfermedades mentales o corporales.

Intente lograr las cosas menores en primer lugar. A continuación, de el siguiente paso, y cuando eso se logre, se buscan objetivos más altos y realmente importantes en la vida, pero mucho antes de llegar a esta etapa de sus logros,muchos deseos de valor encontrarán lugar en su lista.

Uno de ellos será para ayudar a los demás como te han ayudado.

Grande es la recompensa a los que ayudan y dan sin pensar en sí mismo, ya que es imposible ser altruista, sin ganancia.

EN CONCLUSIÓN

Hace poco mas de un siglo, el Dr. Emile Coué llegó a este país y mostró a miles de personas la forma de ayudarse a sí mismos.

Miles de personas se burlaron de la idea, se negaron a su ayuda, y hoy en día están en el mismo lugar que estaban antes de su visita.

Así que con las declaraciones y planes presentados para usted ahora. Usted puede rechazar o aceptar. Usted puede seguir siendo como es, o tener lo que quiera. La elección es suya, pero Dios quiera que usted pueda encontrar en este corto volumen la inspiración para elegir correctamente, seguir el plan y obtener así, como tantos otros, todas las cosas, cualesquiera que sean, que usted desea.

Lea todo el libro otra vez, y otra vez, y OTRA VEZ.

Memorice las tres reglas simples. Pruébelas ahora en lo que más quiere en este minuto.

Este libro podría haberse extendido, fácilmente, a más de 350 páginas, pero se ha reducido deliberadamente para que sea lo más fácil posible para que usted pueda leer, entender y utilizar.

¿Quiere probarlo?

Miles de vidas mejoradas darán fe de que

Esto funciona!

RESULTADOS

Luego de unos meses de aplicar este metodo, si ha visto un cambio en su vida y a comenzado a obtener lo que desea, por favor escribamos a info@bnpublishing.net, con detalles de su historia.

Si este libro lo ha ayudado y a alcanzado sus metas, puede ayudar a sus amigos y conocidos regalandoles una copia de este libro.

Puede solicitar un order, al por mayor, con descuento a   sales@bnpublishing.net

LIBROS RECOMENDADOS

- Todo Sobre La Bolsa: Acerca de los Toros y los Osos, Jose Meli

- Piense y Hágase Rico, Napoleon Hill

- El Sistema Para Alcanzar El Exito Que Nunca Falla, W. Clement Stone

- La Ciencia de Hacerse Rico, Wallace D. Wattles

- El Hombre Mas Rico de Babilonia, George S. Clason

- El Secreto Mas Raro, Earl Nightingale

- El Arte de la Guerra, Sun Tzu

- Cómo Gané $2,000,000 en la Bolsa, Nicolas Darvas

- Como un Hombre Piensa Asi es Su Vida, James Allen

- El Poder De La Mente Subconsciente, Dr. Joseph Murphy

- La Llave Maestra, Charles F. Haanel

- Analisis Tecnico de la Tendencia de los Valores,   Robert D. Edwards - John Magee

Disponibles en
www.bnpublishing.net

Ingram Content Group UK Ltd.
Milton Keynes UK
UKHW022227160323
418676UK00015B/534

9 781607 964629